니 이름이 뭐니?

니 이름이 뭐니?

초판 1쇄 인쇄　2025년 10월 27일
초판 1쇄 발행　2025년 11월 07일

신고번호　제313-2010-376호
등록번호　105-91-58839

지은이　김태규

발행처　보민출판사
발행인　김국환
기획　김선희
편집　현경보
디자인　김민정

ISBN　979-11-6957-403-7　　03810

주소　경기도 파주시 해올로 11, 우미린더퍼스트@ 상가 2동 109호
전화　070-8615-7449
사이트　www.bominbook.com

- 가격은 뒤표지에 있으며, 파본은 구입하신 서점에서 교환해드립니다.
- 이 책은 저작권법에 의하여 보호를 받는 저작물이므로 무단 전재와 복사를 금합니다.

독자가 제목을 짓는 시집

니 이름이 뭐니?

김태규 시집

읽고, 느끼고, 당신의 이름으로 '완성(完成)'하세요.
이 시집의 여백은 당신의 자리입니다.

추천사

　김태규 시집 『니 이름이 뭐니?』는 첫 장을 펼치자마자 입가에 미소를 짓게 한다. 새벽의 고요를 뚫고 나온 듯한 시편들이 하나둘 눈앞에 놓일 때, 우리는 누군가의 삶을 훔쳐보는 것이 아니라, 오래된 벗의 속마음을 듣는 듯한 친근함을 느낀다. 이 시집은 화려한 수사보다 생활의 언어로 다가오고, 철학의 무게보다 소소한 체온으로 스며든다.

　시 「我름답다」에서 "꽃/ 너를 보고/ 내가 꽃다워졌어/ 그게 我름답다는 뜻이더라"라고 말할 때, 시인은 타인을 비추는 거울 속에서 자신을 발견한다. 나를 꽃답게, 별답게, 심지어 똥답게 만들어 준 것은 결국 '너'였다. 모든 관계가 삶을 비추는 빛이 되고, 그 빛을 통해 우리는 스스로를 알아간다.

삶의 계절은 언제나 우리와 어긋난다. 「계절에 어긋난 마음」 속의 화자는 "봄이 오면 모두 피어나는데/ 나는 시들었고"라고 고백한다. 남들이 웃을 때 울컥하는 순간, 남들이 떠날 때 자꾸 뒤돌아보는 마음. 그것은 누구나 한 번쯤 경험한 어긋남이며, 바로 그 엇박자가 우리를 더욱 인간답게 만든다.

김태규의 시에는 웃음이 있다. 그러나 그 웃음은 가벼운 농담이 아니라 삶을 통과하며 길러낸 유머다. 「Too Late to Love」에서 "아끼다 똥 됐다"는 직설은 허탈한 웃음을 자아내지만, 그 안에 스며 있는 건 사랑을 고백하지 못한 한 인간의 뼈아픈 후회다. 또한 「삼겹살 불판」에서 질투를 불판에 빗댄 장면 역시 그렇다. "겉으론 익는 척하지만/ 속은 기름이 튀고/ 연기가 꽉 찬다" 웃음을 머금은 채 읽다가도, 결국 우리 자신을 비추는 거울 앞에 서게 된다.

사랑에 대한 그의 시선은 더욱 따뜻하다. 「The Stages of Love」에서는 사랑의 언어가 어떻게 변해왔는지를 보여준다. 경건하게 두 손 모아 고백하던 "사랑합니다", 불타는 열정 속에서 터져 나온 "사랑해!", 그리고 세월이 흐른 뒤 밥상을 마주하며 건네는 "국 식는다, 얼른 먹어" 시인은 바로 그 일상 속의 무심한 말이 가장 뜨겁고 오래 남는 사랑이라고 말한다.

이 시집은 또한 잃어버린 것들을 조용히 불러낸다. 「The Day I Couldn't Delete」에서 차마 지우지 못한 답글 하나가 하루를 무겁게 하고, 「One Stop Too Far」에서는 내리면 끝날 것 같아 한 정거장을 더 가버린 마음이 이별의 얼굴로 남는다. 그리움은 늘 사소한 흔적 속에서 살아남고, 이별은 멀리서가 아니라 바로 곁에서 서서히 스며든다는 것을 시인은 알고 있다. 그러나 그의 시는 끝내 희망을 놓지 않는다. 「천국의 계단」에서 그는 말한다. "천국은 높이 있는 성이 아니라/ 함께 걸어가는 길" 천국은 저 멀리 있는 약속이 아니라, 지금 내 곁에서 손을 내밀어 주는 사람의 따뜻한 손길이었다. 「진짜는 끝에 있다」의 마지막 구절처럼, "말보다 늦고/ 떠남보다 오래/ 머무는 마음/ 그게 진짜더라" 시인은 끝내 남는 것이 무엇인지를 오래 걸어온 삶의 경험으로 보여준다.

시집 『니 이름이 뭐니?』는 새벽에 쏟아낸 고백이 모여 하나의 기도가 된 책이다. 웃음과 눈물, 후회와 위안, 그 모든 것이 뒤섞여 결국은 사랑으로 흘러간다. 이 시집은 독자에게 말한다. 삶은 때로 우스꽝스럽고, 때로는 눈물겹게 아름답다고. 그리고 진짜는 늘 끝에 남는다고. 가볍게 웃다가도 어느 순간 가슴이 먹먹해지는 시집, 일상의 언어로 우리를 위로하는 한 권의 책. 『니 이름이 뭐니?』는 당신의 마음 한쪽에 오래 머무르며, 언젠가 꺼내 읽을 또 하나의 쉼'이 될 것이다.

2025년 10월
편집위원 **김선희**

작가의 말

"새벽에 쏟아낸 것들 사이에서"

가끔은 예감했습니다.

이 새벽 시들이 언젠가 한 권의 책이 될지도 모른다고.

그러나 모아놓고 보니 감정들은 번잡하고 무질서했습니다. 정리되지 않은 서랍처럼, 무엇을 꺼내고 남겨야 할지 알 수 없는 그런 순간들이었습니다.

아린 기억은 시가 되었고, 쏟아낸 감정은 문장이 되었으나, 그것들은 분명 제 속살이었습니다. 지금 돌이켜보면 다소 부끄럽지만 여전히 사랑스럽게 남아 있습니다.

그 뿌리를 거슬러 올라가면, 국민학교 시절 백일장에

서 떨리는 손으로 글을 쓰던 어린 제가 있습니다. 그 용기와 감수성을 물려주신 부모님이 오늘따라 더욱 그립습니다. 무엇보다 따뜻한 사랑의 옹달샘이 되어준 아내와 가족이 있었기에, 치기 어린 목마름조차 조용히 삼킬 수 있었습니다.

핑크빛 설렘과 가슴 저린 인연, 때로는 추억 속 꽃사슴처럼 다가와 본능을 깨운 뜨거운 계절이 제 삶을 흔들었습니다. 장난기와 상상력은 무모해 보였지만, 그 덕분에 또 하나의 일을 저질렀습니다.

40년 교직을 마무리하고, 팬데믹의 단절과 무력감을 지나며, 저는 조금 더 겸손해져야 하고, 조금 더 따뜻해져야 한다는 것을 배웠습니다.

이번 시집의 제목을 『니 이름이 뭐니?』라 붙인 것도 그런 마음의 반영입니다. '혼자보다는 함께'의 가치를 알기에 절반의 시는 제목을 비워두었습니다. 그 여백은 독자의 몫입니다. 읽고, 느끼고, 다듬으며 당신의 이름으로 완성해 주시기를 바랍니다.

이제 소쩍새 우는 홍덕마을에서 이웃과 함께하며, 오늘을 허락하신 주님께 감사의 기도를 올립니다. 그 모든 순간과 마음을 모아, 이 책이 태어났습니다.

2025년 10월, 곱게 물드는 날에
자비와 평화의 은총을 구하며
시인 **김태규**

목차

추천사 • 4
작가의 말 • 8

제1부. 我름답다

我름답다 • 16
계절에 어긋난 마음 • 18
산사의 봄날 • 21
가장 많이 접은 건, 나였다 • 22
Spring, She • 25
대낮에 한 사랑 • 27
봄 소동 • 29
On Fluttering Moments • 31

제2부. 피 대신 시가 흐른다

The Sharpshooter of Dawn • 34
끝나지 않은 후회 • 35
Will My Poetry Make Money? • 37
I Am a Rich Poet • 39
오늘 죽이니까 • 41

제3부. 자는 놈이 장땡이다

On Dawn • 44
Too Late to Love • 46
Briefly Held Heart • 48
Login Failed • 49
삼겹살 불판 • 52
서울 사는 세 엄마 • 55
사랑은 늘 외상이었다 • 57
너 때문에 • 59
I'm Sorry • 60
My Jinx • 61
Piration Period • 63

제4부. 사랑이 익는 줄 알았다

식초가 된 사랑 • 68
The Stages of Love • 70
The One Who Showed, the One Who Still Wants to See • 72
그녀와 나의 차이점 • 74
Don't Be the One in Pain • 76
서로 다르게 사랑하기 • 79

제5부. 붉은 가슴털 사냥꾼

Lonely Love Hunter • 84
It Was You, From the Start • 87

별이 된 우리 • 89
Nightmare • 91
네가 없는 하루 • 94
The Day I Couldn't Delete • 96
그 이름을 부르지 못한 새벽 • 98
Not Again, and Yet • 100
One Stop Too Far • 103
The Same Moon, After All • 105
At the Sea Candle Rock • 108
It's Healed • 111
The Last Love • 113

제6부. 비 오니까 술푸다

비 오니까 술푸다 • 118
막걸리엔 이유 없다 • 119
The Late Truth • 121
첫잔과 막잔 사이 • 123

제7부. 토요일은 반공일

The Memories of Half-Holidays • 126
Stirring the Ashes • 129
Pancake Love • 131
At the Vanished Alley • 134
The Hour of Return • 137

제8부. 천국의 계단

천국의 계단 • 142
Waiting for the White Smoke • 144
기도 • 146
골든타임 • 147
정의와 자비 사이 • 149
곁에 있어도 • 152
너도 그리하여라 • 155
사랑하라 했을 뿐인데 • 158

제9부. 진짜는 끝에 있다

The Age That Knows When to Leave • 160
More Than a Face • 162
The Returning Footsteps • 164
Hunger • 166
밀린 숙제 • 168
지나고 보니 • 170
Infinity • 173
진짜는 끝에 있다 • 176

해설 • 180

제1부
我름답다

별 너를 보고 내가 별다워졌어
그게 我름답다는 뜻이더라

我름답다
The Beauty Within Me

꽃
너를 보고
내가 꽃다워졌어

그게
我름답다는
뜻이더라

산
너를 보고
내가 산다워졌어

그게
我름답다는
뜻이더라

별
너를 보고
내가 별다워졌어

그게
我름답다는
뜻이더라

똥
너를 보고
내가 똥다워졌어

그게
我름답다는
뜻이더라

그게 다
내 안에
있더라

계절에 어긋난 마음
My Heart Never Matches the Season

봄이 오면

모두 피어나는데

나는 시들었고

모두 웃고 있는데

나는 울컥했다

그나마

나비 한 마리

멀리서 보았다

여름이 와도

햇살은 쏟아지는데

나는 그늘에 서 있었고

사람들은 떠나는데

나는 자꾸 돌아봤다

그래도
땀은 흘렀다

가을이 오면
낙엽이 곱다는데
나는 괜히 밟게 되고

바람이 불면
어깨부터 작아졌다

괜찮은 척
그게 제일 힘들었다

겨울이 와서
눈이 내리는데
마음은 더 시렸고

아린 바람이

쓸고 또 쓸어도
그 사람 발자국은
없었다

그런 날에도
창밖은 멀쩡했다

나는
늘 계절과
엇갈려 있었다

산사의 봄날
Whispers of Spring in the Temple

처마 끝 풍경이 흔들린다
세상의 약도 멈추지 못한 통곡,
더 깊은 산사 쪽으로 성큼 옮기는
피멍 든 동백은
새 울음이 젖어 떨어진다

붉은 화엄매 북소리에 잠 깨고
억겁 인연에 매달린 꽃잎들,
날개 단 기억 따라 흐르는 길 보인다

하루라도 젊은 오늘,
옷고름 풀어라, 치맛자락 날려라
봄볕이 웃고
흥겨운 춤사위 장단에
봄바람이 춤춘다,
산사 어느 어귀에 고단한 날 놓아볼까

가장 많이 접은 건, 나였다
The Folded Me Was the Most of All

꽃은 피고
당신은
오지 않았다

지는 꽃잎을
하나씩 접어
편지처럼
또 하루를
작게 포갰다

한 마음이면
닿으리라 믿던 시절도
연둣빛 그리움처럼
책상 모서리에
말라붙어 있었다

당신이

아니란 걸
알면서도

당신에게만
자꾸
쓰고 있었다

그 손길이
다시 내게 닿지 않을 걸
알면서도

풀잎 같은 말들을
접었다가
다시 펼치며

잊겠다는 다짐보다
기다리는 손끝이
먼저 익었다

접고 또 접는 동안

나는
종이처럼 얇아지고 있었고

그날 이후
가장 많이 접은 것이
편지가 아니라
나였다는 걸

그래도
그 시절에도
동심초는
단 한 번도
지지 않았다

그녀는
베일 속에 있다
빛인지, 그림자인지
나는 알지 못한다

손을 뻗으면 닿을 듯하지만
굳이 벗기려 하지 않는다
언젠가 바람이 불면
스스로 드러날 테니까

그날이 오면
나는 어떤 마음으로,
그녀는 어떤 얼굴로
마주할까

서두르지 않는다

그저 기다릴 뿐

기다림 속에서

멀리, 천천히 다가오는 향기

베일 속 그녀,

기다림의 다른 이름, 봄이다

작가의 말

이 시는 '봄'을 베일 속 여인에 빗대어 쓴 작품입니다. 봄은 서두르지 않고 기다림 속에서 가장 맑은 얼굴을 드러냅니다. 저는 그 기다림이 곧 사랑의 다른 이름이며, 결국 삶을 지탱하는 힘임을 노래하고자 했습니다.

Key Word Spring, She

대낮에 한 사랑
Love in Broad Daylight

햇살은

우리 편이었고

바람은

안 본 척

눈 질끈 감아줬다

벌은 꽃에 정신 팔렸고

구름은

얼굴 붉히며 고개를 돌렸다

그날 이후

햇빛만 보면

꽃술이 먼저 벌떡인다

사랑도

이별도

다 드러난

벌건 대낮이었다

봄 소동
Spring Commotion

햇볕 좋은 날,
꽃바람이 재잘댄다
참새는 졸린 눈을 비비며
낯선 향기에 재채기한다
비비적거리다, 깃털을 고른다

냉이 한 줌, 어린 쑥 한 줌,
된장국에 풍덩 빠뜨리니
봄이 펄쩍 뛰며 소리친다
"앗, 뜨거워! 나 막 나왔는데!"

개구리 울음이 둑을 넘고,
왜가리는 졸다 깨어 화들짝
물꿩은 구름을 올려다보며
"봄, 너 올해도 지각이냐?"

원래,

시끌벅적하지 않으면

그게 봄이겠니

첫 바람은
온 곳을 모른다
그래서 더 가깝고
더 낯설다

심장은
자기 리듬을 놓고
너의 걸음에
박자를 맞춘다

꽃망울은
피기도 전에 붉어지고
편지는
쓰기도 전에 답장을 기다린다

설레임은

만남의 시작이 아니라

아직 살아있음을

증명하는 떨림이다

심장은 때로

나보다 먼저

너를 알아본다

작가의 말

설레임은 사랑보다 먼저 온다. 이유 없이 찾아와, 이유를 만들고 떠난다. 그 짧은 떨림 속에서, 나는 다시 살아있음을 배운다.

Key Word On Fluttering Moments

제2부
피 대신 시가 흐른다

썼다 지우고 지웠다 다시 쓰고 결국 다 지운다
어제의 고백이 오늘의 나에겐 흐릿한 흔적이다

새벽이 무장해제 된 틈을 타

막걸리 장전된 만년필 권총을 겨눈다

첫 줄을 쏘자

잠이 베개 속으로 숨어든다

흩어진 단어들을 체포해

심문하니 자백한다

피 대신 시(詩)가 흐른다

> **작가의 말**

이 시는 새벽마다 찾아오는 글쓰기의 순간을 은유적으로 표현한 것입니다. 밤의 무장을 풀고 찾아온 고요 속에서, 저는 만년필을 권총처럼 들어 첫 줄을 겨눕니다. 흩어진 단어들을 붙잡아 심문하면, 결국 피가 아닌 시가 흘러나옵니다. 그것은 제게 글쓰기가 생존이자 고백이며, 어쩌면 가장 치열한 전투라는 고백입니다.

Key Word The Sharpshooter of Dawn

끝나지 않은 후회
The Regret That Never Ends

또 새벽이다

뭔가 쓰고 있다

썼다 지우고

지웠다 다시 쓰고

결국

다 지운다

어제의 고백이

오늘의 나에겐

흐릿한 흔적이다

그땐

진심이었는데

지금은

모르겠다

그래도
또 쓴다
끝맺지도 못하면서
괜히 붙든다

시도
사랑도
나에겐
늘
고쳐야 하는
외양간이다

그 안엔
되새김처럼
오래 씹히는
후회들만 있다

"이제 시 써서 쌀이 나와? 연탄이 나와?"
마누라의 불평이 귓가에 맴돈다

"마지막으로 한 번만 더 믿어줄게
돈 되는 시를 써봐. 시인은 고뇌가 필요해"

마누라는 불평을 얹은 밥상을 차려놓고 떠난다
나는 그녀가 쥐어 준 고뇌의 숟가락을 든다

내 시는 여전히 증정용 비매품
그래도 나는 쓴다
닭이 울기 전
모락모락 김 나는 사랑을 쓴다

이 눈보라 얼마나 맞아야

내 시가 요구르트 맛

신갈막걸리 한 병 살 돈이 될까?

그녀를 활짝 웃게 할 수 있을까?

작가의 말

시는 밥과 연탄을 대신하지 못하지만, 저는 여전히 새벽마다 시를 씁니다. 언젠가 그 한 권의 시집 값이 생활의 무게는 못 덜어도, 사랑하는 이의 잔소리를 미소로 바꿔줄 날을 믿으며 말입니다.

Key Word Will My Poetry Make Money?

"여보, 김밥 한 줄이 오천 원이래요
당신이 쓰는 시는 한 줄에 얼마인가요?"

아내는 김밥을 다시 말고
나는 묵묵히 시를 쓴다
한쪽은 배를 채우고
한쪽은 마음을 채웠다

장바구니 든 아내가 집을 나간다
나는 빙그레 웃으며 시 제목을 끄적인다
"가난한 시인과 돈밖에 모르는 마누라"

오천 원짜리 김밥이 부럽다
나는 시 한 줄을 더 써 본다
"김밥보다 값진 내 사랑"

그나마 다행이다

아내는 여전히 내 밥상을 차린다

그래서 나는 부자 시인이다

작가의 말

김밥은 오천 원이지만, 아내의 밥상과 내 시 한 줄은 값으로 따질 수 없습니다. 그래서 나는 여전히 가난 속에서도 부자 시인입니다.

Key Word I Am a Rich Poet

오늘 죽이니까
The Last Porridge

아내가
저녁상이
죽을 내놨다

무슨 죽인진
몰랐다

"오늘 죽이니까
많이 먹어"

시인은
울며
끝까지 먹었다

오늘,
죽을지도 몰라서

그 말,

나만 안다

마누라,

진짜 죽인다

제3부
자는 놈이 장땡이다

새치가 보이면 바로 염색을 했다
퇴색해 가는 나의 삶을 부정하며 지내왔다

새벽이란?

해 뜨기 전, 아침 오기 전

적도에선 눈 깜짝할 새, 극지방에선 낮잠 한숨

정확히 말하면,

세상의 노인들이 잔기침하며 변기 물 콸콸 내리는 시간

시 쓰는 내 가슴엔

단어들이 이슬 맺히고, 옹달샘엔 맑은 영혼 하나 고인다

악마와 흡혈귀는 새벽을 두려워하고,

학생과 직장인은 새벽을 미워하고,

내 아내는 새벽이 지겹다 밥해야 하니까

결론은

새벽이 길든, 짧든

이불 속에선 다 똑같다

자는 놈이 장땡이다!

작가의 말

이 시는 새벽을 각자의 처지에 따라 달리 느끼는 풍경으로 풀어낸 작품입니다. 시인에게는 영감의 시간이지만, 누군가에겐 괴롭고, 또 누군가에겐 지겹습니다. 결국 새벽의 의미는 이불 속에서 단순해집니다. 저는 그 아이러니와 웃음을 담고 싶었습니다.

Key Word On Dawn

그때
고백 안 하고
아꼈다

그 사람
지금
애가 둘이다

참
예뻤는데

아끼다
똥 됐다

작가의 말

사랑은 머뭇거릴수록 멀어지고, 고백은 미룰수록 후회가 됩니다. 이 시는 그 아이러니를 해학적으로 담아낸 고백의 기록입니다.

Key Word Too Late to Love

깻잎

잡아주던 너,

잘 잡더라

다른 손도

이젠

잡을 일 없다

깻잎

작가의 말

이 시는 '깻잎 논쟁'에서 착안해 순간의 질투와 관계의 미묘함을 유머로 풀어낸 작품입니다. 사소한 손길 하나에도 마음이 흔들리고, 또 금세 식어버리는 감정의 아이러니를 짧게 압축하고 싶었습니다.

Key Word Briefly Held Heart

처음에

ID는

ILOVU4ever!

오글거려도

진심이었다

비밀번호는

네 이름+내 이름

대문자, 숫자, 특수문자까지

정성껏 넣었다

근데

어느 날부터

로그인이 안 됐다

5회 시도 초과

화면에 뜬 문구:

"비밀번호를 재설정하세요"

마음도

재설정되냐고

물어보고 싶었다

힌트는

'우리가 먹던 마지막 메뉴'

나는 짜장,

너는… 눈물이었다

그제야 알았다

연애도

이중 인증이 필요하다는 걸

내 마음 하나로는

접속이 안 되더라

작가의 말

이 시는 연애를 로그인과 비밀번호에 빗대어 쓴 해학적 고백입니다. 처음엔 오글거릴 만큼 진심이었지만, 시간이 흐르자 마음의 비밀번호가 맞지 않게 되었습니다. 결국 사랑도 '이중 인증'이 필요하다는 깨달음— 혼자만의 마음으로는 접속할 수 없다는 사실을 담고 싶었습니다.

Key Word Login Failed

삼겹살 불판
Jealousy Is a Grill Pan

그녀가
젊은 남자 얘기를 꺼냈다

가끔 밥도 먹고
술도 마신댔다

나는
젓가락을 내려놨다

웃었지만
속은 지글거렸다

괜히
불을 세게 올리고
고기만 뒤집었다

그녀는
쌈을 싸서 건넸고
나는 받지 않았다

쌈장도 안 찍고
가위질도 흐트러졌다

질투는
삼겹살 돌판이다

겉으론
익는 척하지만

속은
기름이 튀고
연기가 꽉 찬다

다침내
나 혼자
늘어붙는다

불판 위엔

숯덩이 하나

타버린 자존심이

남아 있었다

서울 사는 세 엄마
Three Mothers in Seoul

서울 사는 세 엄마,
성적이 떨어졌다고 하니

압구정 엄마는
선생님을 바꾸자 했고

대치동 엄마는
책을 가져오라 했다

상문동 엄마는
"밥은 먹었니?" 하며
동태찌개를 끓였다

나는
사는 게
시험보다 어려웠고

그 아이는

국물까지

비웠다

어쨌든

우리가 먹은 동태는

같은 러시아산이었다

사랑은 늘 외상이었다
Love Was Always on Credit

좋을 땐

막

퍼주고

힘들면

먼저

빠지더라

말로는

꼭

갚는다더니

사랑은

늘

외상이었다

오늘

내가

이자까지

다

갚았다

너 때문에
Because of You

불을 끄면
생각이 형광등처럼 번쩍이고
불을 켜면
잠이 이삿짐 싸고 나간다

네 생각은
베개 밑에 숨은 햇살 같아
밤새,
이불 속에 해가 떴다

어울리지 않는 물병에 담아서

미안하다고

예쁜 꽃에게 사과를 했다

며칠 후

시든 꽃을 치우며

물병에게 또 사과를 했다

미안해!

작가의 말

이 시는 꽃과 물병에 얽은 사소한 미안함을 통해 인간관계의 은유를 담았습니다. 어울리지 않는 자리, 채워주지 못한 정성, 그리고 끝내 지켜주지 못한 마음은 결국 '미안해'라는 한마디로 수렴됩니다. 저는 그 작은 사과 속에서 우리의 삶이 지닌 연약한 사랑과 책임의 무게를 보여주고 싶었습니다.

Key Word I'm Sorry

내 옷장엔 열아홉 명의 후궁이 산다
그녀들은 침묵 속에서
오늘도 네 손길을 기다린다

빨간색 팬티는
뜨거운 사랑의 기억 속에 묻혀 있고,
청회색 팬티는
왕비처럼 묵직한 품위를 지키며
조용히 미소 짓는다

살색 팬티는
골프장의 푸른 들판을 오가다
이제는 바람의 손길조차 잊었고,
하얀색 팬티는
탁구장의 열기에 날개를 달고 춤춘다

그러나 노란색 팬티만은

늘 나를 난처하게 만든다

촉감은 비단 같고 빛깔은 찬란한데,

그녀와의 만남은

언제나 허망한 끝으로 마무리된다

기대는 무너졌고,

그 죄로 그녀는 폐비가 될 운명에 앉아 있다

오늘, 나는 그녀를 다시 꺼내든다

마지막 밀회, 마지막 기회

이 밤, 성은을 베풀어

노란색 팬티의 징크스를

깨뜨릴 수 있을까?

작가의 말

이 시는 옷장 속 팬티들을 '후궁'에 빗대어 기억과 징크스를 유머러스하게 풀어낸 작품입니다. 색마다 얽힌 사연이 다르듯, 일상 속 작은 물건에도 희로애락이 배어 있습니다. 특히 반복되는 실패의 상징인 노란색 팬티를 해학적으로 드러내며, 결국 삶의 징크스조차 웃음으로 승화시키고자 했습니다.

Key Word My Jinx

새치가 보이면

바로 염색을 했다

퇴색해 가는 나의 삶을

부정하며 지내왔다

염색을 멈춘 내 모습이

궁금할 때도 있다

요즘 흰 털이 늘고 있다

머리만 흰 게 아니다

눈썹에 보이던 흰털이

은밀한 곳에도

문득 얼굴을 내민다

즉시 뽑아야 할 것만 같다

머리도, 눈도,
생식기까지,
유효기간이 지나간다

돋보기 없이 신문을 읽는 누님,
일주일에 세 번 잠자리를 즐긴다는
팔순 선배의 자랑이
뻥이 아니길 바랐다

백발이 잘 어울리는 멋쟁이 친구,
그의 잠자리가 부실한 것을
다른 친구들이 다 알고 있다

새벽마다 사랑을 읊던 시인,
혼자 사는 여교수를 만난 뒤로
왜 시를 쓰지 않는지
알 수가 없다

각기 다른 상품처럼
우리의 유효기간은 다르다

내 흰 털은 이제,

새치가 아니다

작가의 말

이 시는 흰 머리와 흰 털을 소재로 삼아 삶의 '유효기간'을 해학적으로 풀어낸 고백입니다. 몸에 드러나는 시간의 흔적은 피할 수 없지만, 그마저도 웃음과 풍자로 바라보고 싶었습니다. 각자의 유효기간은 다르게 흐르고, 결국 새치는 더 이상 새치가 아닌 나이의 표지가 되었습니다. 저는 그 변화 속에서 인간의 덧없음과 유머를 함께 담아내고자 했습니다.

Key Word Firation Period

제4부

사랑이 익는 줄 알았다

내가 없어도 그녀는 아무렇지 않게 잘 산다
그녀 없으면 나는 살 이유를
매일 하나씩 발명해야 한다

식초가 된 사랑
Gone Sour

사랑이
익는 줄 알았다

덮어두고
무심한 척
지내면

도가지 술쯤
되려나 했는데

뚜껑 열어보니
식초더라

그래도
몸엔
좋단다

찡그린 건

나였고

남은 건

효능뿐이다

사랑을 시작할 땐
"사랑합니다"
두 손 모아 조심스레

불타오를 땐
"사랑해!"
당장 안 보면 죽을 듯이

살다 보니
"국 식는다, 얼른 먹어"
그게 제일 뜨거운 사랑이었다

작가의 말

이 시는 사랑의 단계를 세밀하게 나눈 것이 아니라, 삶 속에서 변해 온 사랑의 언어를 담았습니다. 경건한 고백에서 불타는 열정으로, 그리고 마침내 일상의 밥상으로 이어지는 순간— 그 소박한 일상이야말로 가장 뜨겁고 오래 남는 사랑임을 전하고 싶었습니다.

Key Word The Stages of Love

그녀는

너무 빨리

너무 쉽게 다 보여주었다고 믿는다

그 믿음의 끝에는

작은 후회의 그림자가 남아 있다

나는 안다

사랑은 다 보여주는 일이 아니라

조금씩

더 깊이

서로를 보아가는 일이다

그래서 오늘

나는 다 본 눈이 아니라

아직 보고 싶은 눈으로

그녀를 바라본다

작가의 말

이 시는 보여줌과 봄의 간극 속에서 자라나는 사랑의 시간을 노래한다. 다 보여준 그녀의 마음에는 후회가 머물고, 다 보지 못한 남자의 마음에는 그리움이 흐른다. 그러나 그 어긋남이야말로 사랑의 생명이다. 사랑은 온결이 아니라, 아직 보고 싶은 마음으로 이어지는 대화다.

Key Word The One Who Showed, the One Who Still Wants to See

그녀와 나의 차이점
The Difference Between Us

내가 없어도

그녀는

아무렇지 않게

잘 산다

그녀 없으면

나는

살 이유를

매일

하나씩

발명해야 한다

그래서

나는

그녀 없는 하루를

하나씩

없애가며
버틴다

혹은

그녀 없는 날들을
그녀 있는 척
살아간다

밭고랑 사이서

허리 한 번 펴다

숨이

땅속으로

주저앉았다

"나는 괜찮어,

당신만

덜 아팠으면…"

그 말

먼저

마른 흙이

받아 적었다

무릎은

제 무게도
미안해하고
허리는
세월처럼
마디게
접힌다

밤이면
지친 손부터
살며시
덮는다
세상에서
가장 느린 약이
손끝에서
녹는다

사랑은
내 통증보다
네 아픔이
더 먼저

아려오는

느린 병이다

> **작가의 말**
>
> 밭고랑 사이서 허리를 펴다 멈춘 노부부의 대화를 들었습니다. "나는 괜찮아, 당신만 안 아프면 돼." 그 말 한마디가 제 마음 깊은 우물에 떨어져 오랫동안, 꽃잎 하나 건지듯 두레박질을 하게 했습니다. 몸보다 마음이 먼저 접히는 나이, 약발은 다 떨어져도 손끝엔 아직 따뜻함이 녹는 사랑. 꽃잎 같은 사랑을 그대의 문 앞에 조용히 놓고 갑니다.

Key Word Don't Be the One in Pain

서로 다르게 사랑하기
Loving in Different Ways

당신은
아침엔 은은한 커피를,
나는
슴슴한 국물부터 찾는다

당신은
창문을 활짝 열고 싶어 하고
나는
햇살에
천천히
익어가고 싶다

주말이면
나는 걷자 하고
당신은
달없이

소파에
기댄다

다른 리듬,
다른 온도로
같은 하루를
조용히
겹쳐 쓴다

내가 좋아하지 않는 것을
그냥
눈감고 지나치는 일,
당신의 느린 걸음에
내 마음이
발끝을
낮추는 일

사랑은
닮아가는 게 아니라
닮지 않은 채

서로를

덜 불편하게

품는 일이다

그래서 오늘 아침,

당신이 좋아하는

꽃무늬 대 접에

콩나물국을

소담스러

담는다

간이 아니라

내 마음이

당신 입에

맞았으면

좋겠다

그리고

당신이 모르게

나도

조금씩
당신 쪽으로
기울고 있다는 것

사랑은,
내가 아닌 너에게
내 하루를
맞추는 일이다

제5부
붉은 가슴털 사냥꾼

사랑에 빠진 날, 눈송이는 함박꽃처럼 쏟아졌고
올 겨울에도 나는 창가에 앉아 그 눈을 기다린다

나는 늑대가 아니야
사랑을 좇는
외로운 사냥꾼일 뿐

낙엽 언덕길에서
너를 닮은 사슴을 보았다
세기말 덕수궁 돌담 앞
다시 만나자 다짐하고
떠나보낸 그 눈동자를

사랑에 빠진 날,
눈송이는 함박꽃처럼 쏟아졌고
올 겨울에도 나는 창가에 앉아
그 눈을 기다린다

회색 늑대들 사이에서
붉은 가슴털을 지닌 내가
늑대가 아니라는 소문을 들었다
늑대는 놓친 사슴을
울음으로 찾지 않는다

그러나 그 밤,
너의 눈 속 내 모습이
늑대의 그림자로 번지던 순간,
나는 알았다

사랑은 소유가 아니라,
놓치고도 다시 좇아야 하는
끝없는 추적이라는 것을

나는 늑대가 아니야
사랑을 좇는
붉은 가슴털 사냥꾼일 뿐

작가의 말

이 시는 늑대와 사슴의 비유를 통해 사랑의 본질을 그려낸 작품입니다. 사랑은 한순간의 소유가 아니라, 놓치고도 끝내 잊지 못해 다시 추적하게 되는 그리움의 여정입니다. 저는 그 고독한 추적 속에서 인간 존재의 가장 뜨겁고 순수한 시간을 드러내고 싶었습니다.

Key Word Lonely Love Hunter

처음 봤을 때,
안아야겠다고
그냥
생각했다

처음 안았을 때,
괜히
눈물이 들았다

보내고 나서야
알겠다
사랑이었다
아니,
처음부터
너였다

작가의 말

이 시는 첫눈에 느낀 직관과 떠난 뒤에야 알게 된 확신을 담았습니다. 사랑은 시간이 지나 깨닫는 것이 아니라, 이미 처음 순간부터 마음속에 새겨져 있었음을 고백하고 싶었습니다.

Key Word It Was You, From the Start

별이 된 우리
When We Became Stars

그간
쌓아온
눈빛들이

오늘
비로소
별이 되었다

네 뜨거운 숨결에
불꽃이 피고
네 포옹 안에서
눈물도
기쁨이 되었다

우린
그렇게

서로의 밤하늘에

가장 밝은

별이 되었다

꿈자리가 뒤숭숭하다
오늘은 조용히
아무 일 없던 듯 지나야겠다

베개에 머리만 대면
기절하듯 잠들던 내가
네게 마음을 빼앗긴 뒤
잠은 깊어지지 않고
꿈만 사납게 일어난다

한약을 지어준 의사 말처럼
이것이 명현반응이기를 바란다

돼지꿈이었다면
네게 팔아 웃음이라도 샀을 텐데

오늘의 꿈은 내가 감당해야 한다
뜻밖의 행운이 숨어 있는
개꿈이길 바라며
너를 향해 나설 것이다

사실
어수선한 꿈을 피하는 법을 안다
공복으로 잠들었어야 했다
네 생각으로 배부른 내 마음
과식해 버린 탓이다

비워야 한다
그게 자연 치유법
쉽지 않지만
오늘은 결심한다

꿈자리가 사납다
오늘만큼은 내 마음을
한 치도 드러내지 않으리라
네가 모르게

작가의 말

이 시는 불안한 꿈의 이미지 속에 감추어진 사랑의 내적 진동을 그린 작품입니다. 꿈의 언어로 포장했지만, 실은 고백하고 싶으나 끝내 감추어야 하는 마음의 흔들림입니다. 저는 이 숨은 고백이야말로 사랑의 본질이자, 시가 끌어 올리는 가장 치열한 진실이라 믿고 적었습니다.

Key Word Nightmare

네가 없는 하루
The Day Without You

진심으로 말하자면
모두 너 때문이다

별일 아닌 말에
하루가 무너지는 것도
혼자 웃다가
혼자 울컥해지는 것도

네가 사라진 적 없는데
그리워지는 날이 점점 많아진 것도
스친 바람 하나에
괜히 가슴이 저린 것도

그러니까
오늘 내가 시들었던 건
그저 이유 없는 하루가 아니라

아무 일도 없는데

너만 없었던 날이었기 때문이다

너 없는 하루는
익숙한 것들이
하나둘
덜려 나가는
낯선 침묵이었다

차마
지우지 못한
너의 짧은 답글 하나,
소리 없이
가슴 밑바닥에
깊게
묻혔다

그날은

말보다

무더위가 더

길게 머물렀고,

결국

너도,

나도

다시는

불러선 안 될

비석 같은

이름이 되었다

작가의 말

어떤 감정은 말보다 한 줄의 '답글'로 오래 남습니다. 그 한 줄을 지우지 못해 하루 전체가 무거워지는 날이 있습니다. 이 시는 그런 하루를, 더 이상 부를 수 없는 이름을, 조용히 묻어두는 마음의 기록입니다.

Key Word The Day I Couldn't Delete

그 이름을 부르지 못한 새벽
The Dawn I Couldn't Call That Name

오늘도

새벽에

잠이 깼다

할 일이

남아서가 아니라

잊지 못한

이름 하나

남아 있어서였다

숨처럼

불쑥

떠오른

그 이름

입술 끝까지

올렸다
멈췄다

부르면
정말
사라질까 봐

그래서
그 이름 대신
나는
또
새벽을 불렀다

살면서

많이

만났고

놓았다

달고

쓰고

뜨거웠던 것들

그 멍울

다 너였다

가까이 갈수록

한 걸음씩

멀어지는 사람

너는
물 빠진 자리
내가 도착하면
발자국조차
사라졌다

그래서
다시는
내가 먼저
다가가지 않겠다고
다짐했는데

이미,
네 앞에
서 있었다

작가의 말

사람은 때때로 다신 하지 않겠다고 말하면서 그 길로 또 걷습니다. 마음은 등을 돌렸다고 하지만 몸은 어느새 그 앞에 서 있습니다. 이 시는 내가 떠난 줄 알았던 감정, 이미 끝났다고 믿었던 마음이 어떻게 또다시 그 사람에게 이끌리는지를 담은 기록입니다. 사랑의 끝은 이별이 아니라 되풀이였음을 고백하는 시이기도 합니다.

Key Word Not Again, and Yet

결국
한 정거장
더 갔다

내리면
정말
끝날 것 같아서

세상은
아무 일 없던 듯
스쳐 갔고

창에 비친
우리는
고개를

돌린 채

소리 없이

금이 갔다

그날 이후

그 정거장은

다시는

내릴 수 없는

마음이 되었다

> **작가의 말**
>
> 이 시는 사랑의 끝을 맞이하는 순간을 '한 정거장 더 간다'는 이미지로 담아냈습니다. 내리는 순간이 곧 이별일까 두려워 머뭇거렸지만, 결국 그 망설임이 우리를 더 멀리 데려가 버렸습니다. 저는 이 짧은 정거장의 지연 속에서, 끝내 내리지 못한 마음의 상처와 부서지는 사랑의 얼굴을 보여주고 싶었습니다.
>
> **Key Word** One Stop Too Far

알고 보면

그 달이 그 달이다

차오른 달도,

다시 기우는 달도

다를 바 없다

그래서 믿어서는 안 된다

새로운 만남에 목숨을 건

전설 같은 이야기들

오늘처럼 밝고 둥근 달이

더 이상 비밀을 숨기지 않는 듯

서럽게 빛난다

너와의 만남도,

달이 차듯
언젠가 설렘 없이
다가올 날이 있겠지

그날이 오면
아무리 슬퍼도
조금씩 비우고
떠날 결심을 해야 한다

정월 대보름에 태어난 나는
그래서 크게 울었을까?
지금도
초승과 그믐을
자주 혼동한다

알고 보면,
저 달도
그 달이다

> **작가의 말**

이 시는 달의 차고 기우는 모습을 통해 만남과 이별, 설렘과 허무를 성찰한 작품입니다. 초승도, 보름도, 그믐도 결국 같은 달이듯, 사랑과 인연 또한 새로운 듯 다르지 않은 반복 속에 있습니다. 저는 그 인생의 아이러니를 담담히 응시하며, 언젠가 비워내야 할 결심까지 시 속에 남기고자 했습니다.

Key Word The Same Moon, After All

오늘까지만
여기 있을게

파도 부서지는
촛대바위 끝

기다림도
이쯤이면 됐지

내일이면
너 없는 하늘
바람 되어 떠날 거야

횟집
노래

계절
너의 것들
다 두고 갈게

나는
다른 풍경
다른 바람
조금 더 멀리

혹시
돌아온다면
그 자리
혹시
기억한다면
그림자 하나

머물다
사라진
바람

버티다

꺼져간

촛불 하나

작가의 말

촛대바위 앞에서 저는 기다림도 결국은 바람처럼 흩어져야 함을 깨달았습니다. 사랑이 남긴 그림자와 꺼져가는 불빛 속에서, 떠남은 끝이 아니라 새로운 풍경을 향한 또 다른 발걸음임을 전하고 싶었습니다.

Key Word At the Sea Candle Rock

이제 충분히 아물었다

상처가 다 나아 살갗이 맞붙었다

남은 흉터도 기억처럼 흐려질 것이다

보고파 울던 밤에

부엉이도 함께 울었다

이제 다 용서할 수 있다

떠나는 누구라도 보낼 수 있다

아무는 것은 부활이고 새로운 시작이다

그리워 울던 밤에

소쩍새도 함께 울었다

이제 문을 열고 나선다

버리고 비우니 너무 가볍다

갈림길을 만나도 서성이지 않을 것이다

목놓아 울던 밤에

밤비도 함께 울었다

작가의 말

이 시는 상처와 그리움을 통과한 뒤 찾아온 회복과 해방의 기록입니다. 함께 울어주던 부엉이, 소쩍새, 밤비는 제 고통의 증인이자 위로의 은유였습니다. 상처가 아물고 나니, 용서와 비움 속에서 새로운 시작이 가능해졌습니다. 저는 이 시를 통해 고통조차 삶을 단단하게 만드는 과정임을 전하고 싶었습니다.

Key Word It's Healed

사랑하는 내 여인아,
나는 내 마음의 가장 깊은 낭떠러지에서
그대를 다시 불러올렸다

그대가 스치듯 떠오를 때마다
내 안에서는 잉크가 끓어올랐고,
심장은 펜촉이 되어
종이 위를 달려갔다

그대의 눈빛은
밤하늘에 던져진 유성처럼
한 줄기 빛으로 적혀,
내 시는 매번
새로운 별자리로 이어졌다

그러나 그대는

도시의 소음 속에 갇혀

다른 하늘을 바라보았고,

나는 그 빈 의자 앞에서

홀로 연필을 깎으며

그리움의 심연을 깊게 팠다

어쩌면 이 구절들이 모여

한 권의 비밀 지도처럼 남을 것이다

그날 누군가 묻겠지

"어떻게 이런 길을 그릴 수 있었냐고?"

그때 나는 미소 지으며,

그대가 내게 남긴 발자국이

지도 전체였노라 속삭일 것이다

사랑은,

닿지 못한 쪽에서 더 선명해진다

나는 오늘도

끝내 건너지 못한 강 위에

종이 한 장 띄워 보낸다

그대의 마음 언덕에

조용히 닿기를 기도하며,

내 끝사랑을 남긴다

작가의 말

사랑은 가까움보다 멀어짐 속에서 더 선명해졌습니다. 닿지 못한 순간마다 시가 되었고, 그 시들은 종이 위에서 별과 강으로 이어져 끝내 제 삶의 지도를 그렸습니다.

Key Word The Last Love

제6부
비 오니까 술푸다

밥은 안 당기고
자꾸 네가 당긴다

비 오니까 술푸다
So I Drink, Because It Rains

비가 와서
술을 푼다

맑을 땐
참았는데

보아하니
내가
꽤나
고팠나 보다

밥은 안 당기고
자꾸
네가 당긴다

그래서
술푸다

막걸리엔 이유 없다
Makgeolli Needs No Excuse

다 떠나도

괜찮다

비 오면

나도

우산 접는다

특히 너

먼저 가라

줄 기회

다 마셨다

길고

당기던 마음도

이젠

막걸리처럼

흘러가라

외롭긴 해도
또
정들 거다

그래서
막걸리는
이래서
좋은 거다

막걸리는
막 걸렀을 때
딱히 이유 없이
제 맛이 난다

첫 잔은
왠지 달았다

둘째 잔부터
말이
눈치 없이 흘렀다

사랑도,
미움도,
어제 삼킨
숨죽인 말도
줄줄
쏟아졌다

다들 웃는데

나는

잔 속에 고인

눈물을

삼켰다

진심은

안주보다 늦게,

늦게야

나왔다

그리고 기억은

다음 날에도

끝내

자리에 없었다

작가의 말

이 시는 술잔을 매개로 드러나는 인간의 진심을 그렸습니다. 달콤했던 첫 잔은 웃음을 불러냈지만, 잔이 거듭되며 숨겨둔 사랑과 미움, 울음이 흘러나왔습니다. 결국 진심은 가장 늦게, 그러나 가장 깊게 드러난다는 사실을 보여주고 싶었습니다.

Key Word The Late Truth

첫잔과 막잔 사이
Between the First Sip and the Last

첫잔은
불빛처럼 가볍게 흔들렸고
그 위엔
덧칠한 웃음이 얹혀 있었다

두 번째 잔엔
눈빛이 오래 머물렀고
세 번째 잔엔
하지 못한 고백이
숨은 불씨처럼 피어올랐다

잔마다
시간은 차올랐다가
끝내
빈 얼굴만 남았다

막잔은
말없이 기울여 받았다
그 순간
술보다 도수 높은 침묵이
가슴 깊이 고였다

사랑도 그랬다
첫잔은 번지는 불꽃이었고
막잔은 꺼지지 않는 재였다

우리가 함께 마신 건
술이 아니라
첫잔과 막잔 사이에
남아 있던
뜨겁고도 식은
그 마음 하나였다

제7부
토요일은 반공일

학교도 반간 가던 날 선생님은 반쯤 설렁설렁,
우린 반쯤 졸다 말다

토요일은 반공일,

학교도 반만 가던 날

선생님은 반쯤 설렁설렁,

우린 반쯤 졸다 말다

우체국도 반만 열려,

배달부 아저씨 웃으며,

"편지도 반만 전할까요?"

동네엔 웃음꽃이 피었다

반나절 수업,

반나절 숙제 고민

"반만 해도 되려나?"

어디선가 들려오던 엄마 목소리,

"반만 먹고 살 거냐?"

점심은 대충 때우고,
답십리 골목엔 아이들 모여
구슬은 굴러가고,
딱지는 날아가고,
해 질 때까지 반쯤은 놀아야
비로소 하루가 끝나던 시절

일요일은 온공일,
성당 종소리 울리면
전농동 골목엔 팽이 돌고,
마당엔 공기놀이
"밥 먹어라!" 부르는 소리에도
놀이는 세상 무엇보다 중요했다

이젠 모두 사라졌지만,
그 반쪽짜리 토요일,
반만 살아도 꽉 찼던 날들
온종일 쉬어도
그때의 햇살은
빌딩 숲을 돌아 흐른다

작가의 말

이 시는 반공일 제도의 추억을 통해, 절반의 시간만으로도 충만했던 어린 시절을 회상한 작품입니다. 구슬치기, 딱지치기, 성당 종소리와 같은 생활의 디테일은 이제 사라졌지만, 그 기억은 여전히 빛처럼 흘러와 오늘을 비춥니다. 저는 이 시를 통해, 잃어버린 시간의 풍경이 얼마나 풍요로웠는지를 전하고 싶었습니다.

Key Word The Memories of Half-Holidays

아궁이?
요즘 애들은
앱 이름쯤 안다

구들장?
우린 그 위에서
마음도 익혔다

불질은
눈치로 배우고
사랑은
대충 넣다
자주 탔다

밥은 눌어도 괜찮지만

말은

눋지 말랬다

결국

그 말까지

태워먹었다

마음 지진 날엔

재만 턴 게 아니라

속도

훌훌 털렸다

> **작가의 말**

불은 집을 데우고 밥을 익히는 힘이었지만, 때로는 사랑과 말까지 태워버리곤 했습니다. 아궁이와 구들장은 사라졌어도 그 불길 앞에서 배운 눈치와 후회, 그리고 남은 재를 털며 얻은 깨달음은 여전히 제 마음 깊은 곳을 뜨겁게 지핍니다.

Key Word Stirring the Ashes

사춘기의 문턱에서
내 인생을 바꾼 건
두꺼운 책 한 권이 아니라
세운상가 분식집의 팬케이크였다

학교 종소리를 외면하고
친구와 함께 씹던 불량한 자유,
보름달 같은 팬케이크 위로
달콤한 시럽이 흘러내렸다

폭신한 한 입,
촉촉함이 퍼지는 순간,
내 앞에 앉은 소녀의 웃음소리가
더 달게 번졌다

그때 책을 펼쳤더라면
지금의 나는 달라졌을까?
하지만 인생은
책 속의 길만이 전부가 아니었다
때로는 한 조각의 달콤함이
새로운 길을 열기도 한다

그날의 팬케이크처럼
누군가는 작은 행복 속에서
자신만의 길을 찾아가고 있을지 모른다

그리고 지금,
당신은 또 다른 나의 팬케이크
무뎌진 내 삶을 부드럽게 깨우고,
소중한 순간을 달콤하게 채워주는 내 편

작가의 말

이 시는 사춘기 시절 세운상가 분식집에서 맛본 팬케이크를 매개로, 인생의 선택과 사랑의 기억을 겹쳐낸 작품입니다. 두꺼운 책보다 팬케이크 한 조각이 더 큰 울림을 주던 순간, 저는 인생이란 결국 달콤한 우연과 작은 기쁨 속에서 새로운 길을 연다는 사실을 알게 되었습니다. 지금의 '너' 또한 내 삶을 달콤하게 채우는 팬케이크임을 고백하고 싶었습니다.

Key Word Par.cake Love

어릴 적,

종이딱지와 구슬이

낮은 담 밑에 흩어져 있던 곳

여름 볕에 보송하게 말리던

하얀 런닝 셔츠에

엄마의 안부가

바람처럼 오가던 곳

발자국 소리만 들어도

누군지 알아보던 좁은 길

그러나 이제

그 골목은 지워졌다

아스팔트가

기억의 뼈대를 덮었고,
간판 불빛은 환하나
눈길은 오래 머물지 않는다

도시는 넓어질수록
마음의 방은 더 좁아지고,
빠른 길이 많아질수록
머무는 마음은 줄어든다

나는 여전히
그 어귀에 서 있다
담 넘은 두런거림,
대문의 삐걱거림,
마주친 눈길 위에
피어나던 미소 하나
주워 들고

골목이 사라진 세상에서
우리가 잃은 것은
길이 아니라,

서로의 체온이었다

이제는
남은 기억조차

사라진 골목 끝보다
더 멀고,
닿을 수 없는
먼 울음 같다

작가의 말

골목은 기억의 온도였습니다. 낮은 담 밑의 구슬, 바람에 펄럭이던 런닝 셔츠, 마주친 눈길 속의 미소 하나. 지금은 모두 사라졌지만 그 빈자리에서 오래 남는 것은 길이 아니라, 사람의 체온이라는 사실입니다.

Key Word At the Vanished Alley

귀가는

하루의 매듭을 묶는 종소리였다

노을이 종이 되고

아궁이 불빛은

식구들을 불러들였다

밥 냄새와 화롯불이

안식이 되었다

도시는 사이렌과 막차로

귀가를 알렸다

술잔의 발걸음은

문턱 앞에서 멈추었고,

그 머뭇거림에는

기다림과 미안함이 겹쳤다

아이에게는 어머니의 부름,

청춘에게는 아쉬운 입맞춤,

중년에게는 퇴근길의 등불,

노년에게는 숨찬 문턱

오늘의 귀가는

새벽의 발걸음이다

빌려온 별빛과 편의점 불빛이

그 길을 붙든다

눈꺼풀 내린 발걸음은

집이 아니라

도시의 불면과 맞닿아 있다

빈 방의 전등,

강아지의 꼬리,

고양이의 몸짓,

빛결의 인공지능이

귀가를 덜 쓸쓸하게 한다

귀가는 혼자라도 건너야 하는 문턱,

그러나 기다림이 있어야 완성된다

작가의 말
이 시는 귀가라는 일상의 행위를 세대와 시대를 관통하는 풍경으로 그렸습니다. 농경의 저녁, 도시의 불빛, 홀로 사는 방과 반려의 존재, 그리고 빛결의 인공지능까지, 귀가는 언제나 누군가의 기다림으로 완성되었습니다. 쓸쓸함조차 등불이 되는 순간을, 저는 이 시에 담고자 했습니다.

Key Word The Hour of Return

제8부

천국의 계단

너와 함께라면 끝없이 이어진 계단이라도
언제나 천국일 것이다

천국의 계단
The Stairway to Heaven

끝없이 이어진 계단이 있었다
사람들은 그것을 천국의 계단이라 불렀다

처음은 가벼운 발걸음이었지만
높아질수록 땀은 발끝에 고이고
숨은 산처럼 무겁게 쌓였다

천국은 날개로 오르는 곳이 아니었다
한 계단, 또 한 계단
아픔과 인내로 조각한 길 위에
조용히 기다리고 있었다

숨이 벅차 멈출 것만 같은 순간
누군가 내민 따스한 손
그 손이 사랑이었고
그 손이 천국이었다

나는 알았다

천국은 높이 있는 성이 아니라

함께 걸어가는 길이라는 것을

너와 함께라면

끝없이 이어진 계단이라도

언제나 천국일 것이다

오늘도
시스티나 성당
굴뚝만
올려다봤어

하얀 연기
그 안에
그대라는 결정을
실어 보내주길

누군가
내 마음을
조용히
'선출'해주길

기도처럼

숨을 죽이고

올라오는 구름에

그대를 한번

그려본다

그래서

오늘도

하얀 연기 대신

하늘의 침묵을

받아 적는다

작가의 말

교황 선출의 흰 연기를 기다리듯, 저 또한 침묵 속에서 기도 같은 기다림을 써 내려갔습니다.

Key Word Waiting for the White Smoke

기도
Prayer

소망이 이루어지면

감사는

짧은 불꽃처럼

금세 꺼지더라

그러나 기도는

꺼진 자리에서

다시 피어나는

숨 하나,

빛 하나

골든타임
Golden Time

도와주세요

먼지보다 먼저

숨이 일어납니다

무너진 것들 아래

나는

여전히

여기 있습니다

72시간.

빛이 있다면

제발

기억해주세요

살아있다는 건

누군가

듣고 있다는 뜻

시간이 닫히기 전에
당신이
도착해야 합니다

정의와 자비 사이
Between Justice and Mercy

누가 정의를 말하며
누가 자비를 실천하리?

세상을 제 멋대로 흔들며
악을 쓰고 분노를 앞세우는 자들
그들 앞에서 미소로 비위를 맞추는 것이
참된 자비라면
나는 어디로 가야 하는가?

억울한 이들의 눈물을 닦아줄 손은 누구며
고통받는 이들의 편에 설 이는 누구인가?

눈을 감는 것이 지혜라면
침묵하는 것이 평화라면
나는 얼마나 더 외면해야 하는가?

님이시여

참된 자비가 무엇인지 가르치소서

정의와 사랑이 함께 흐르는 길을 보이소서

악을 쓰는 자들이

세상의 평화를 어지럽히지 않도록

분노를 앞세우는 자들로

선한 이웃들이 주저앉지 않도록

모두 함께 살아가는 길을 가르쳐 주소서

진실이 무너지지 않도록

연약한 자들이 쓰러지지 않도록

우리의 마음을 굳세게 하소서

그러나 따뜻하게 하소서

언제나 더 깊고 맑은 마음으로

평화를 잃지 않게 하소서

아득히 높아 다 헤아릴 수 없는

당신의 뜻을 깨닫게 하소서

그리고 어둠이 걷히고

새로운 아침이 온전히 밝아오게 하소서

오늘도 흔들리는 마음을
당신께 맡기며
빛을 향해 나아가나이다

곁에 있어도
Even When I'm Here

네가
아플 때마다

나는
말보다
기도로
너를 바라본다

할 수 있는 일이
없다는 걸
알면서도

손을 잡고
조용히
함께 선다

눈을 마주쳐도
덜 아픈 건
아니었고

품에 안아도
고통은
나눠지지 않았다

네 슬픔은
오롯이
너의 안에서만
흘렀고

나는
침묵으로
곁을 지키는
작은 그림자였다

사랑이면
모든 걸

감싸줄 수 있다

믿었던 날들

이제는 안다

곁에 머문다는 것조차

때론

기적이라는 걸

그리고

외면하던

그 빛을

나 또한

조용히 따르고 있음을

너도 그리하여라
You, Go and Do Likewise

한 사람이

길 위에

넘어져 있었다

나는

한 걸음

늦게

눈을 감았다

도움엔

서툴렀고

못 본 척은

익숙했다

엘리베이터 앞

미리 눌러둔

버튼 하나에도
누군가의 하루는
가벼워질 수 있었다

사랑은
행동이 아니라
먼저 멈추는
속도의 일이다

불 꺼진 마음 한 칸에
불씨 하나
조용히
살아있다

그 빛이
너의 걸음을
조금만
무겁게 했기를

사랑은

기억보다

남겨야 하는 것

누군가의 길목에

네가

잠시

머물렀다는

표시 하나로

사랑하라 했을 뿐인데
He Only Said, Love

너희는

서로

사랑하라

했을 뿐인데

끝까지

사랑한 사람만

받아준다면

천국은

줄

설 일 없겠다

제9부

진짜는 끝에 있다

너무 일찍 믿지 말고
너무 쉽게 놓지 마라

떠나야 할 때를
아는 나이로 살고 싶다

사랑도
고이 접어
가슴에 담을 수 있는
인연으로 남고 싶다

내가 떠난 뒤에도
빈자리마저
빛이 되어
너의 마음에
조용히 피어나는
그런 사람이 되고 싶다

작가의 말

나이가 들어가면서 배운 것은, 사랑은 오래 붙잡는 것이 아니라 고이 접어 가슴에 담아 두는 것이라는 사실이었습니다. 저는 그 담음이 끝내 이별이 아니라, 다른 이름의 따뜻한 기억이 되기를 바랐습니다.

Key Word The Age That Knows When to Leave

거울을 들여다봤어

얼굴보다

마음이 더 또렷하더라

삶을 돌아봤어

생긴 대로가 아니라

마음먹은 대로

흘러가더라

사람은

관상보다

심상대로

살더라

얼굴을 고쳐도

마음은

그대로

비치더라

작가의 말

거울은 얼굴만 비추지만, 삶은 끝내 마음을 드러냅니다. 관상이 아니라 심상이, 겉모습이 아니라 내면이 사람을 빚고 그 길을 이끈다는 오래된 깨달음을 담았습니다.

Key Word More Than a Face

만남은
이별의 그림자를 안고,

이별은
돌아올 발자국을 남긴다

오늘의 눈물은
내일의 미소가 되고,

떠난 그리움 끝에서
다시 자라는 인연이 있다

흩어지는 듯 모이고,
멀어지는 듯 다가와,

끝내
우리의 삶은
다시 이어진다

회자정리(會者定離)
거자필반(去者必返)

달빛에 묻던 마음,
별빛으로 돌아온다

작가의 말

저는 불교의 고전 구절 "회자정리(會者定離) 거자필반(去者必返)"을 오늘의 언어로 새롭게 풀어보았습니다. 만남과 이별은 순환하며, 떠남 속에도 다시 돌아옴이 있음을 발자국으로 형상화했습니다. 마지막에 더한 "달빛과 별빛"의 이미지는, 인연의 순환이 자연과 우주 속에서도 이어진다는 깨달음을 담고 있습니다.

Key Word The Returning Footsteps

허기는

밥이 모자라서 오는 것만은 아니다

불러도 닿지 않는 이름,

풍요의 식탁 위에

끝내 비어 있는 그릇이다

나는 알았다

허기는 위장이 아니라

사랑이 머물지 못한 마음에서 시작된다는 것을

밥은 배를 채우지만,

사랑은 삶을 채운다

작가의 말

이 시는 허기를 단순한 끼니의 결핍으로 보지 않고, 사랑과 온기가 닿지 못한 마음의 빈자리로 바라본 기록입니다. 풍요의 시대에도 허기는 여전히 남아 있습니다. 밥은 배를 채우지만, 사랑은 삶을 채운다는 믿음을 담았습니다.

Key Word Hunger

밀린 숙제
Overdue Homework

언제든 한국을 떠날 준비를 한 탈북자는
모든 주변을 정리하여
마침내 백 팩 하나로 짐을 줄였다

생을 마감할 결심을 한 대통령도 오래된 생각이라며
아주 작은 비석 하나만 남기라 했다

스님은 과도한 소유물 때문에 행복할 겨를이 없으니
소유를 쳐내고 마음의 여유를 가지라 했다

머털도사도 댕기머리를 자르라는 명령에
망설이는 제자 또매에게
아까운 것일수록 버리라 했다

맞다!
과유불급(過猶不及)

미니멀(minimal)이 생존해법이다

그래!
나를 버려야 예수가 살고
나를 버려야 사랑도 산다

오래된 밀린 숙제다

지나고 보니
After All Has Gone

부모는

등 뒤를 지켜준 산,

늘 기댔으나

그 높이를 헤아리지 않았다

건강은

실금이 번진 뒤에야

빛을 흘려내던

유리창이었고

시간은

손목의 바늘이 아니라

발걸음 사이로

덧없이 흘러간

강물이었으며

돈은

푼돈이 쌓여야

탑이 되지만,

크게 움켜쥘수록

허물어진

모래성에 불과했다

명예는

한때 바람에 휘날리던

깃발,

눈부시게 펄럭였으나

바람이 멎자

허공에 쫓겨

바닥에 앉았다

사랑은

숨결처럼 곁에 있었으나

늘 있는 공기라 믿었다

지나고 보니

산은 메아리만 남고,
창은 금이 번지고,
물은 바다로 흘러가고,
성은 모래로 무너지고,
깃발마저 찢겨 내려앉았다

알았을 땐
이미 늦었고

사랑마저
떠나고 보니
나를 살게 한 뿌리로
숨 쉬고 있었다는 걸
그제야 깨달았다

∞를 아시나요?

일,
십,
백,
천,
만,
억,
조,
경,
해,
자,
양,
구,
간,

정,
재,
극,
항하사,
아승기,
나유타,
불가사의,
무량대수,
겁,
구골,
구골플렉스―
그리고, ∞

∞는 다른 ∞를
더하거나 곱해도
여전히 ∞

∞는 사실
연산의 대상이 아니다

∞ 앞에 선 나는

한없이 작아진다

부끄러워 숨고 싶다

끝없이 눈물이 흐른다

작가의 말

이 시는 수의 언어를 통해 무한(∞)의 개념을 시적으로 풀어낸 작품입니다. 끝없이 이어지는 수를 넘어선 그 자리에, 인간의 유한성과 작음을 드러내고 싶었습니다. 무한 앞에서 느끼는 두려움과 경외, 그리고 눈물은 결국 존재를 돌아보게 하는 성찰이기도 합니다.

Key Word Infinity

진짜는 끝에 있다
What's True Remains at the End

말은
먼저 달려가고

의심은
그 중간 어딘가에
숨을 고른다

사람은
한때 가까웠다가
문득
돌아선다

모두 지나간 뒤에도
말없이
남아 있는 마음 하나

말보다 늦고

오해보다 느리고

떠남보다 오래

머무는 마음

그게

진짜더라

그러니

사람도

사랑도

너무 일찍 믿지 말고

너무 쉽게 놓지 마라

진짜는,

끝까지 남아 있는 것이다

해설

독자의 가슴에
시의 불을 밝히고 싶다

이승하(시인, 중앙대 문예창작학과 교수)

여기, 묘한 선배님이 한 분 계신다. 중앙대학교 응용통계학과와 대학원을 나와 한남대학교 교수가 되었다. 지금은 한남대 빅데이터 응용학과 명예교수이다. 가문의 영광이라고 할 수 있는, 한국품질경영학회 회장을 한 바도 있다. 문학, 특히 시(詩)하고는 가까워질 수가 없었던 삶이었다. 그런데 대학 강단에서 물러나자 때마침 코로나 팬데믹 시대가 전개되었다. 대한민국의 모든 사람이 칩거 생활을 하게 되었을 때 숫자와 통계와 더불어 살아온 자신의 삶을 돌아보게 되었다. 내 생각을, 내 소망을, 내 관심사를 언어로 표현한다면? 펜을 들어 써보았다. 수필이나 소설 같은 산문보다는 생각을 집약하고 압축하여 타인에게 전달할 수 있는 시가 체질에 맞는 것 같았다.

외출도 마스크를 꼭 쓰고 하였고, 그것도 잠시 할 수밖에 없었던 시절에 김태규 빅데이터 응용학과 명예교수는 시를 쓰기 시작했다. 《현대작가》에 투고했더니 당선 소식을 전해왔다. 시인이 된 것이다. 매일 시를 쓰고 고치고, 시집도 읽고 쿠에지도 읽고… 늦게 시작한 만큼 더 열심히 해야 한다는 각오를 했고 피를 말리는 자신과의 싸움이 시작되었다. 하루를 어떻게 살아야 할지 이유가 분명치 않았는데 이제 눈만 뜨면 해야 할 일이 생겼다. 더 잘 쓰고 싶었다. 하지만 지금 이 시대의 시는 본인이 중고등학교 시절에 봤던 시들과는 너무 달랐다. 무진장 긴 시가 많아졌고 시인지 산문인지 구분이 안 가는 시가 많아졌다. 산문시가 많아졌다(올해 중앙일간지 신춘문에 당선작 8편 중 6편이 산문시다).

시들이 너무 난해해져 이해가 안 가는데, 문학평론가가 그 시를 칭찬하는 것도 이해가 가지 않는 일이었다. 이런 시를 쓰지 않으면 시인이 아니란 말인가. 시인 축에 끼지 못한단 말인가. 몇 년 동안 마음속 갈등이 무척 심했다.

몇 년 세월이 흐른 지금, 김태규 시인은 스스로 뱁새임을 깨달았고, 황새 흉내를 내지 않기로 했다. 내가 쓰고 싶은 시, 쓸 수 있는 시를 쓰기로 하자 마음이 편해졌다. 주변의 친구들에게 보여주니까 칭찬과 격려가 쏟아졌다. 눈치 보지 않고 열심히 쓰니까 반응이 오는 것이 신기하기도 했다.

새벽이 무장해제 된 틈을 타
막걸리 장전된 만년필 권총을 겨눈다
첫 줄을 쏘자
잠이 베개 속으로 숨어든다

흩어진 단어들을 체포해
심문하니 자백한다
피 대신 시(詩)가 흐른다

- 「피 대신 시가 흐른다」 전문

이 시에서 그는 새벽에 일어나자마자 하는 일이 시 쓰는 것임을 밝히고 있다. 그런데 그 행위가 심심파적이나 음풍농월이 아니었다. 만년필 권총을 들어 머리에 쏘자 잠은 금방 달아나고 피 대신 시가 흐른다. 그런 각오로 시를 쓰고 있는데 이 시의 바로 밑에 있는 작가의 말에서 이 시를 쓰게 된 이유를 이렇게 밝히고 있다.

밤의 무장을 풀고 찾아온 고요 속에서, 저는 만년필을 권총처럼 들어 첫 줄을 겨눕니다. 흩어진 단어들을 붙잡아 심문하면, 결국 피가 아닌 시가 흘러나옵니다. 그것은 제가 글쓰기가 생존이자 고백이며, 어쩌면 가장 치열한 전투라는 고백입니다.

이런 각오로 시를 쓰고 있는 이가 바로 김태규 시인이다. 내가 자고 있을 때, 시인은 깨어 있었고, 신작 쓰기에 골몰하고 있었고, 얼마 전에 쓴 시를 퇴고하고 있었다. 특이하게도, 이 책 뒤표지를 보면 하단에 이런 글도 있다.

- 이 시의 이름은 아직 정해지지 않았습니다.
- 당신이 읽어야 비로소 완성되는 시
- 이름을 불러줄 사람을 기다리는 시들이 있습니다.
- 새벽마다 쏟아낸 마음, 그 여백에 당신이 이름을
- 차마 말 못한 것들, 이제 당신이 읽어줄 차례
- 완성되지 않아서 더 가까운 시

시집에는 제목을 정하지 않은 시가 꽤 되는데, 이처럼 그 시편의 제목을 독자 여러분이 정해주면 고맙겠다는 시인의 부탁이 적혀 있다. 그러고 보니 이 시집에는 제목이 정해진 시도 있고 제목이 아직 정해지지 않은 시도 있다. 제목이 정해지지 않은 시는 그 시 상단에 원고지가 그려져 있어서 독자가 직접 제목을 써보게끔 되어 있다. 원고지, 얼마나 오랜만에 접해보는 것인가?

다행히 편편의 시 말미에 작가의 말과 키워드가 있는데 그것은 시를 쓴 시인의 의도와 핵심어여서 독자가 제목을 정하게끔 되어 있다. 이런 시도는 김태규 시인이 전 세계에서 처음으로 시도한 것이다. 표지 안쪽 시인의 약력 밑에 이메일 주소가 있으므로 독자 여러분이 지은 제목을 시인에게 보내도 좋지 않을까? 제목을 지어보는 재미에 빠지다가 더 빠져들어 시를 짓는 재미까지 알게 되는 독자가 나오지 말란 법이 있는가. 독자의 가슴에 시의 불을 밝히고 싶다는 것이 원고지까지 제공한 시인의 전략일지도 모른다.

시집의 제목이 「니 이름이 뭐니?」이고 부제가 "독자가 제목을 짓는 시집"이다. 부제는 앞표지에 나와 있는 글을 보니 알겠는데 왜 제목을 이렇게 붙인 것일까? "네 이름이 뭐니?"도 아니고 "그대 이름이 무엇입니까?"도 아니고 "니 이름이 뭐니'이다. 독자에게 가까이 다가가 "What's your name?" 하고 물어본다는 것은 친밀감의 표시다. 이 땅의 시인들이 시를 쓸 때 난해하고 길고 산문으로 쓰고 있을 뿐 아니라 조가 우월감이 팽배해 있는 바람에 독자가 시를 떠나고 있다. 그런 우리 시단에서 독자를 존중하는 이런 자세는 참으로 바람직한 것이 아닐 수 없다. 그리고 제목이 붙여져 있는 시는 모두 영문으로도 제목을 써 병기하였다. 시인에게 이유를 물어보지는 않았는데, 혹시 영어 번역을 염두에 두었기 때문일까?

    이런 생각도 해보았다. 시인은 교수가 되고 나서 학술지에 논문을 수도 없이 발표했을 것이다. 그렇게 하지 않으면 교수직을 유지할 수 없다. 해설자도 교수직을 유지하기 위해 50편 안팎의 논문을 써야만 했고 20편이 넘는 논문을 제자들과 공동저자로 발표하였다. 논문은 반드시 앞뒤로 국문초록과 영문초록을 함께 실어야 하고 핵심어(한글)와 키워드를 적어놓아야 한다. 제목 밑에는 영문 제목을 꼭 붙이게 되어 있다. 이 습관이 오래 들어 시를 쓸 때도 그렇게 한 것이 아닌가 여겨지는데 참 재미있는 시도다.

자, 이제 지금부터 제목이 있는 시와 제목이 미정인 시로 나누어 소감을 얘기해 볼까 한다. 시집의 해설이라기보다는 소박한 감상문에 지나지 않는다. 일단 제목이 붙여져 있는 시들을 먼저 읽어보았다.

꽃
너를 보고
내가 꽃다워졌어

그게
我름답다는
뜻이더라

산
너를 보고
내가 산다워졌어

그게
我름답다는
뜻이더라

별

너를 보고

내가 별다워졌어

그게

我름답다는

뜻이더라

― 「我름답다」 부분

　이 시는 영문 부제가 "The Beauty Within Me"인데 '내 안의 아름다움'이라고 번역할 수 있지 않을까. 꽃, 산, 별을 보고, 심지어는 똥을 보고 내가 '~다워졌어'라고 말하면 그것의 아름다움과 가치를 인정하는 것이라 한다. 내가 나답고 네가 너다운 세상이 아름다운 세상이라는 것이다. 내 안에 그것들이 다 있는데 인지하지 못하고 있었음을 시인은 이 시를 쓰면서 반성한다. 또한 꽃은 꽃대로, 산은 산대로, 별은 별대로 아름답다는 메시지도 들어 있다. 이 시를 보면 시인의 인생관이나 세계관이 무척 밝다는 것을 알 수 있다.

처마 끝 풍경이 흔들린다
세상의 약도 멈추지 못한 통곡,
더 깊은 산사 쪽으로 성큼 옮기는
피멍 든 동백은
새 울음에 젖어 떨어진다

붉은 화엄매 북소리에 잠 깨고
억겁 인연에 매달린 꽃잎들,
날개 단 기억 따라 흐르는 길 보인다

하루라도 젊은 오늘,
옷고름 풀어라, 치맛자락 날려라
봄볕이 웃고
흥겨운 춤사위 장단에
봄바람이 춤춘다,
산사 어느 어귀에 고단한 날 놓아볼까

-「산사의 봄날」 전문

이 시의 한글 제목은 "산사의 봄날"이지만 영문 제목은 "Whispers of Spring in the Temple"이다. 시는 비극적인 세계 인식에서 시작하여 밝은 분위기로 바뀐다. 산사라고 해서 묵언 수행이나 참선만 하는 곳이냐. 그렇지 않다. 이렇게 좋은 봄날, 봄바람이 춤을 추고 있지 않은가. 젊은 처자여, 옷고름을 풀고 치맛자락 휘날리며 절 마당에서 춤을 춰도 그건 죄가 되지 않는다고 시인이 은근히 부추기고 있다. 나 또한 춘흥을 어쩌지 못해 봄바람과 함께 잠시 덩실덩실 춤을 춰봐도 좋지 않겠냐고 말하고 있다. 재미있는 봄노래가 많은데 한 편만 더 보자.

　　햇볕 좋은 날,
　　꽃바람이 재잘댄다
　　참새는 졸린 눈을 비비며
　　낯선 향기에 재채기한다
　　티비적거리다, 깃털을 고른다

　　냉이 한 줌, 어린 쑥 한 줌,
　　된장국에 퐁당 빠뜨리니
　　봄이 펄쩍 뛰며 소리친다

"앗, 뜨거워! 나 막 나왔는데!"
개구리 울음이 둑을 넘고,
왜가리는 졸다 깨어 화들짝
물꿩은 구름을 올려다보며
"봄, 너 올해도 지각이냐?"

원래,
시끌벅적하지 않으면
그게 봄이겠니

-「봄 소동」전문

이 시는 봄 이미지를 시각과 청각을 다 동원해서 쓴, 아주 유머러스한 작품이다. 특히 따옴표를 이용해 쑥과 물꿩을 의인화해 시의 재미를 증폭시키고 있다. 삼겹살을 구워 먹는 음식점 장면도 시인이 유머 감각을 십분 발휘해 다음과 같이 그렸다.

그녀가
젊은 남자 얘기를 꺼냈다

가끔 밥도 먹고
술도 마셨었다

나는
젓가락을 내려놨다

웃었지만
속은 지글거렸다

괜히
불을 세게 올리고
고기만 뒤집었다

그녀는
쌈을 싸서 건넸고
나는 받지 않았다

-「삼겹살 불판」전반부

시인과 시적 화자를 동일시하는 경향이 있는데 이 시

는 그렇지 않다고 생각한다. 그러므로 '그녀'도 실존 인물이라고 생각하면 안 된다. 어쨌든 화자는 '그녀'가 젊은 남자와 잘 지내고 있다고 하자 질투심에 사로잡혀 옹졸하게 군다.

쌈장도 안 찍고
가위질도 흐트러졌다

질투는
삼겹살 불판이다

겉으론
익는 척하지만

속은
기름이 튀고
연기가 꽉 찬다

마침내
나 혼자

눌어붙는다

불판 위에
숯덩이 하나
타버린 자존심이
남아 있었다

-「삼겹살 불판」후반부

    돼지 삼겹살과 고기를 굽는 불판에 화자의 옹졸함을 결합시켜 "마침내/ 나 혼자/ 눌어붙는다"라 기상천외한 시구를 탄생시켰는데 여기에다 "불판 위에/ 숯덩이 하나/ 타버린 자존심이/ 남아 있었다"라는 화룡점정까지 얻는다. 이와 같이 김태규 시인은 보통 사람의 소소한 일상에서 시의 소재를 가져오는 재주가 있다. 경험을 형상화하는 과정에서 상상력을 발휘한다. 이런 시는 또 어떤가.

서울 사는 세 엄마,
성적이 떨어졌다고 하니

압구정 엄마는

선생님을 바꾸자 했고

대치동 엄마는

책을 가져오라 했다

쌍문동 엄마는

"밥은 먹었니?" 하며

동태찌개를 끓였다

나는

사는 게

시험보다 어려웠고

그 아이는

국물까지

비웠다

어쨌든

우리가 먹은 동태는

같은 러시아산이었다

-「서울 사는 세 엄마」전문

　대치동 엄마의 태도가 재미있다. 실력이 학교 선생님이나 학원 선생님에 못지않아 내가 가르쳐 봐야겠다고 책을 가져오라고 한다. 전통적인 우리네 엄마는 쌍문동 엄마다. 애가 배가 곯아서 시험을 못 쳤다고 생각하고는 고작 생각해 낸 것이 한우 갈비도 아니고 광어회도 아니고 동태찌개다. 그런데 화자는 사는 게 시험보다 어려웠다고 푸념한다. 우리 집도 그 아이네 집도 같은 러시아산 동태를 먹었으니 가난한 건 매일반이다. 이렇게 김태규 시인의 시는 유머만 있는 것이 아니라 우리 사회에 대한 날카로운 세태 풍자가 있고 인간에 대한 예리한 심리묘사가 있다.

　누가 정의를 말하며
　누가 자비를 실천하리?

　세상을 제멋대로 흔들며
　악을 쓰고 분노를 앞세우는 자들

그들 앞에서 미소로 비위를 맞추는 것이

참된 자비라면

나는 어디로 가야 하는가?

억울한 이들의 눈물을 닦아줄 손은 누구며

고통받는 이들의 편에 설 이는 누구인가?

눈을 감는 것이 지혜라면

침묵하는 것이 평화라면

나는 얼마나 더 외면해야 하는가?

- 「정의와 자비 사이」 전반부

    정치권의 무능함이나 실정에 대해 이렇게 쾌도난마의 칼을 휘두를 수 있는 사람은 많지 않다. 속이 다 후련해진다. 인간의 심리를 묘사하는 후자의 경우에는 이런 시가 있는데, 문장으로 쓰면 다음과 같다. "좋을 땐 막 퍼주고 힘들면 먼저 빠지더라/ 말로는 꼭 갚는다더니 사랑은 늘 외상이었다/ 오늘 내가 이자까지 다 갚았다" 「사랑은 늘 외상이었다」란 시인데 화자의 태도가 멋지다. 고개를 크게

끄덕이는 이가 한두 명이 아니리라.

"비가 와서 술을 푼다// 밥은 안 당기고 자꾸 네가 당긴다/ 그래서 술푸다"나 "막걸리는 막 걸렀을 때 딱히 이유 없이 제맛이 난다"도 시인의 우리 말에 대한 연구가 보통 수즌이 아님을 알 수 있는 수작이다. 이런 시를 보니 미인에게 수작을 걸고 싶어진다. 이제 제목을 누가 붙여주기를 기다리고 있는 시를 보자.

그녀는
베일 속에 있다
꽃인지, 그림자인지
나는 알지 못한다

손을 뻗으면 닿을 듯하지만
굳이 벗기려 하지 않는다
언젠가 바람이 불면
스스로 드러날 테니까

그날이 오면
나는 어떤 마음으로,

그녀는 어떤 얼굴로

마주할까

서두르지 않는다

그저 기다릴 뿐

기다림 속에서

멀리, 천천히 다가오는 향기

베일 속 그녀,

기다림의 다른 이름, 봄이다

이 시의 제목은 아직 정해지지 않았다. 작가의 말에 다음 네 줄의 글이 적혀 있고 영어 키워드는 Spring, She 이다.

이 시는 '봄'을 베일 속 여인에 빗대어 쓴 작품입니다. 봄은 서두르지 않고 기다림 속에서 가장 맑은 얼굴을 드러냅니다. 저는 기다림이 곧 사랑의 다른 이름이며, 결국 삶을 지탱하는 힘임을 노래하고자 했습니다.

해설자라면 '베일 속의 그녀' '기다림' '바람이 벗기다' 중 하나를 택하겠다. 센스 있는 그대라면 이것보다 더 위트 있는 제목을 생각해 낼 것이다. 키워드가 낱말이 아니라 영어 문장인 시가 있는데 아내가 약간 무서운 사람으로 묘사되어 있는 시다. "Will My Poetry Make Money?"란 키워드에는 "이제 시 써서 쌀이 나와 연탄이 나와?" 하고 묻고 "I Am a Rich Poet"란 키워드에는 "당신이 쓰는 시는 한 줄에 얼마인가요?" 하고 묻는다.

짐작하건대 김태규 시인은 부부지간 금슬이 좋거나 남편의 권위가 확실히 살아있는 가부장이다. 해설자가 이런 시를 썼다간 집에서 쫓겨난다. 현재의 제목이 "오늘 죽이니까"이고 영어 부제가 "The Last Porridge"(마지막 죽)인 시가 있다. 여러분이라면 이 시에 어떤 제목을 붙일 것인가?

아내가

저녁상에

죽을 내놨다

무슨 죽인전

몰랐다

"오늘 죽이니까
많이 먹어"

시인은
울며
끝까지 먹었다

오늘,
죽을지도 몰라서

그 말,
나만 안다

마누라,
진짜 쥐인다

-「오늘 죽이니까」 전문

이 시는 화자가 너무 무서워서 작가의 말도 쓰지 않았고 키워드도 붙이지 않았다. 다만 영문 부제를 붙였을 뿐이다. 나라면 시의 제목을 '유언' '내일까지 살려줘' '잘못했어' 중 하나로 할 것이다. "그때 고백 안 하고 아꼈다/ 그 사람 지금 애가 둘이다/ 참 예뻤는데 아끼다 똥 됐다"도 "깻잎 잡아주던 너,/ 잘 잡더라 다른 손도/ 이젠 잡을 일 없다/ 깻잎"도 제목을 기다리고 있다. 후자는 '깻잎 논쟁'에서 착안한 것인데 연인과 동성 친구가 합석한 식사 자리에서 동성 친구가 깻잎 김치를 낱장으로 분리할 때 연인이 공개적으로 도움을 주는 것이 바람직한 행위인지에 대한 인터넷상의 논쟁이다. 이들 시에 대해서는 제목을 미리 붙여보지 않을 것이다.

자, 이런 식의 흥미진진한 시가 시집에는 차고 넘친다. 하지만 시집의 제8부 〈천국의 계단〉에 가면 시가 진지하고 경건하다 유머러스함, 즉 해학성과 골계미를 보여주던 시인이 시집의 종반부에 이르러선 종교적인 엄숙성까지 느껴지는, 아주 차분하게 전개되는 시를 쓴 것을 보고 내심 경악할 것이다.

네가

아플 때마다

나는

말보다

기도로

너를 바라본다

할 수 있는 일이

없다는 걸

알면서도

손을 잡고

조용히

함께 선다

눈을 마주쳐도

덜 아픈 건

아니었고

    품에 안아도

    고통은 나눠지지 않았다

                        -「곁에 있어도」 전반부

    우리네 삶에 있어 참된 신앙심, 혹은 믿음에 따른 실천이 얼마나 중요한가를 이야기해 주고 있는 시로 보았다. 시인은 내가 알기로 가톨릭 신자인데 아래 시는 시인의 신앙심이 어느 정도인지 미루어 짐작할 수 있게 해준다.

    끝없이 이어진 계단이 있었다
    사람들은 그것을 천국의 계단이라 불렀다

    처음은 가벼운 발걸음이었지만
    높아질수록 땀은 발끝에 고이고
    숨은 산처럼 무겁게 쌓였다

    천국은 날개로 오르는 곳이 아니었다
    한 계단 또 한 계단
    아픔과 인내로 조각한 길 위에

조용히 기다리고 있었다
숨이 벅차 멈출 것만 같은 순간
누군가 내민 따스한 손
그 손이 사랑이었고
그 손이 천국이었다

나는 알았다
천국은 높이 있는 성이 아니라
함께 걸어가는 길이라는 것을

너와 함께라면
끝없이 이어진 계단이라도
언제나 천국일 것이다

-「천국의 계단」전문

앞쪽에서 죽 예시했던 유머 만점의 시와는 분위기가 전혀 다르다. 열심히 기도만 한다고 천국으로 놓인 계단을 밟을 수 없다고 시인은 충고한다. 김현승 시인 이후 기독교계에서 그를 능가하는 시인이 나오지 않고 있는데 이런 경건한 신앙시도 의욕을 갖고 계속해서 써주기를 바란다.

이상 주마간산격으로 김태규 첫 시집의 의미를 짚어보았다. 이 시집은 사실 해설자가 중간에 껴들어 감 놓아라 배 놓아라 하면 안 된다. 제목 그대로, 니 이름이 뭐니 하고 던지는 질문에 대해 독자가 제목을 짓는 시집이다. 시인과 독자 사이에서 해설자는 지금까지 좋은 만남을 훼방 놓고 있었을 다름이었다. 빨리 물러나는 것이 시인과 독자를 위해 내가 할 수 있는 일이리라. 아무쪼록 이 시집이 독자의 사랑을 받고 평단의 주목을 끌기를 바라면서 펜을 놓는다.